Frühlingshafter Herbst

BJÖRN TROCKENOBST

Impressum

© Björn TrockenObst | 2019
© Illustration | K. P. M. Wulff

Lektorat: die liebe Jana

Verlag & Druck: tredition GmbH
Halenreie 40-44, 22359 Hamburg

ISBN 978-3-347-01139-7

Inhalt

Die verliebte Kaufhalle	6 – 7
Drei Texte für alle	8 – 9
Blöde Töle	10 – 11
Wie schreibe ich einen guten Text	12 – 13
Schneemannlied	14 – 15
Im Tierpark	16 – 17
Synchronität	18 – 19
Urologin	20 – 21
Dialoge zur Wahrheit	22 – 23
Mischgewebebügelhose	24 – 25
Die blaue Taube	26 – 27
Fröhlich sein und singen	28 – 30
Der Pedant als Kriegsherr	31 – 33
Ein Spass	34 – 35
Das Ahornblatt	36 – 37
Ich bin wirr	38 – 39
Fähre nach Halmskjöld	40 – 41
Im Fahrstuhl	42 – 43
Mamas Katzen	44 – 45
Herr Kragebühl	46 – 47
Regen	48 – 49
Ging ich neulichst meine Straße entlang	50 – 51
Kai steht im Wasser	52 – 53

Telefonate nach irgendwo	54 – 55
Schön aussehen	56 – 57
Noch eine Fabel	58 – 59
Aus dem Haus Usher	60 – 61
Mondfischer	62 – 63
Höhlenbären	64 – 65
Sonntagmorgenlied	66 – 67
Auf meinem Arm	68 – 69
03 Uhr im Abend	70 – 71
Regen II	72 – 73
Waldbegegnung	74 – 75
Zum Einschlafen	76 – 77
Im Spiel bin ich gut	78 – 79
Willis Lied	80 – 81
Kommt ein Mann die Treppe rauf	82 – 83
Bauernfeierabend im Winter	84 – 85
Die Nacht ist eine Frau	86 – 87
Kindtotfüttern	88 – 89
Auf dem Turm	90 – 91
Das wird ein komischer Lied	92 – 93
Miss Marple	94 – 95
Einsamkeit	96 – 97
Das Grausame	98 – 99
Führung durch meine Junggesellenneubauwohnung	100 – 105
Zählermetal	106 – 107
Fabel vom Karümmel, dem alten Huhn	108 – 111
Lennonismus (leider nicht)	112 – 113
Berholz-See	114 – 115
Ein kleines Wolkenmärchen	116 – 117
Der alte Mann und die Meerjungfrau	118 – 119
Und auf den Wolken	120
Vorfreude	121
Es ging da draußen gestern eine Mäh	122 – 123

DIE VERLIEBTE KAUFHALLE

Es war 86.
Es war in Berlin.
Ihr Eröffnungstag,
sensibel, wie sie war,
spürte sie alle Kundenin ihrem Schoß,
durch das Trippeln ihrer Füße -
bei jedem kleinen `Oh`!

Sie war glücklich.

Sie liebte ihren Kaufhallenleiter,
weil sie dachte, dass er
der Vater ihrer Kunden wäre,
doch er betrog sie mit Kathreinen,
der Hure vom Fleischstand -
da fing die Halle an zu weinen.

Eines Tages ertrug sie es nicht weiter,
begrub mit ihren Trümmern den Kaufhallenleiter,
der mit seiner Freundin im Lager lag -
und,
in seine sterbende Hand
legte sie noch eine Dose Mischgemüse,
denn sie hat ihn
geliebt.

I

In einem Maisfeld wohnt eine Feldmaus.
Die heißt Öschilöschipups.
Für den Namen kann ich jetzt aber wirklich nichts.
Jedenfalls kam der Winter und die Maus Öschilöschipups fror.
Deshalb ging sie los, um sich einen Strickpullover zu kaufen.
Diese wie jeder weiß, gibt es beim Maulwurf Tsstmpf.
Da ging sie also hin, doch der hatte zu.
Mist.

II

Ein Mann liebt eine Frau.
Er heißt Georg.
Seine Mutter Elvira Gucktopf.
Die Frau heißt auch Georg.
Das war ein Versehen des Standesamtes.
Sie.
Mann und Frau wollten heiraten.
Beide.
Seine Mutter auch, aber einen anderen.
Dessen Vater heißt übrigens Paul.
So.
Wo war ich stehen geblieben?
Die wollten heiraten.
Haben sie dann auch.

III

In einem Neubau wohnt eine Ratte.
Wie die heißt, weiß ich nicht.
Jedenfalls mochte sie dort nicht mehr wohnen.
Und zog aus.

BLÖDE TÖLE

Vor einem
viertel Jahr haben sich die Nachbarn
meiner Eltern, zur Rechten, einen Hund,
einen Rottweiler,
gekauft.
Und der heißt Harald.

Ich kann
Harald Rott- weil er mich
immer beißen will
nicht leiden.
Er rennt immer geifernd,
wie ein Irrer, am Zaun entlang,
wenn er mich sieht.

Seine ältere Schwester
mag ich schon,
die ist nicht so wie er,
sieht aber aus wie er.
Ist nur älter und
wohnt ganz woanders.

Neulich hat der Sohn
meiner verstorbenen Schwägerin
seinen Ball in Haralds Garten
geschossen.
Habe ich die Nachbarin zur Linken gefragt,
ob sie nicht..., ja, der Hund ist ganz zutraulich,

habe ich ihr gesagt,
ich habe nur eine Hundehaareallergie.

Wir haben dann von der Krankenschwester
der SMH seinen Ball
wieder bekommen.

Ich kann
Harald Rott- weil er mich
immer beißen will -
nicht leiden.
Er rennt immer geifernd,
wie ein Irrer am Zaun entlang,
wenn er mich sieht.

Weil er nicht aufhören konnte,
mich zu hassen, und ich es
nicht zulassen kann,
dass mir jemand mein Leben durch Angst vergiftet,-
nun ist er tot.
Passiert.

Blöde Töle.

WIE SCHREIBE ICH EINEN GUTEN TEXT

Ich beginne mit einem Ziel.
Gute Bekannte von mir haben sich gerade getrennt,
also werde ich ein trauriges Lied schreiben.
Das ist das Ziel.

Irmtraud und Hans-Jörg wollen sich scheiden lassen.

Ab jetzt muß ich mich anders motivieren.
Sie haben keine Kinder.
Wenn ihr SIE kennen würdet-
aber das geht wieder in die verkehrte Richtung.

Sie haben so eine liebe Hündin.
Wie kann sie diese Trennung verkraften?
Zwei Katzen pro Woche,
ein fusseliges Riesenvieh,
schnell, geil, tödlich-
genau,
ich wollte doch meiner Schwester noch einen Brief schreiben.
Liebe Schwester.
Wie geht es Dir?
Mir geht es gut.
Dein Björn.

SCHNEEMANNLIED

Auf unserem Hof, da steht ein Schneemann,
verheult, weil er hat keine Frau,
die ihn an sonnigen Tagen kühlt und
im Frühjahr mit ihm taut.

Und weil er zu dämlich zum Laufen ist,
da habe ich ihm eine gebaut.
So eine richtige, fette, nette Schneejungfrau
Und habe die beiden getraut -

In den Februarfrösten gebar sie ihm ein Kind,
sie lebten fortan in Familie -
bis sie geschmolzen sind.

Im Tierpark

Da gibt es
Hü - änen,
da gibt es
Wühl - pferde
da gibt es
wuschelige Krabbeltiere

und auch ein ganz kleines
Panzernashörnchen.

Da gibt es
Ru - mänen,
da gibt es
Ja - paner

Da gibt es
Ureltern, die mit ihren Enkeln
am Sonntag
spazieren gehen.

Das empfinde ich als schön.

Du bist mit dabei,
Der Kolkrabe
schaut so tiefernst,
auf einem Felsen wacht ein Takin
über nichts.

Die Schildkröten sind Schildkröten,
ein Pelikan sitzt mitten
auf dem Weg.
Am Imbiss gibt es das,
was auch wohl die Geyer
nicht mehr mögen.

Und Kinder.
Überall Kinder.
Die laufen selbst, oder werden getragen,
oder auf einem Bollerwagen
von Gehege zu Gehege
gefahren.

Auch wenn sie dabei einschlafen,
sie werden ihn lieben,
ihren Tierpark.
Für immer.

SYNCHRONITÄT

Sie geht arbeiten.
Er geht arbeiten.
Das seit sehr vielen Jahren.

Ansonsten singlen beide
seit längerer Zeit so herum.

Dann trafen sie sich an einem Sonnabendabend.
Sie ist keine von denen,
die ihre Lust im Gang vorführt und
passende Gummis dazu
an den Ohrringen trägt.

Aber trotzdem sympathisch.

Sie geht arbeiten.
Er geht arbeiten.
Meistens zeitversetzt.

So bekommen die beiden, über Wochen,
nicht einmal die Stunden eines Tages zusammen.

Dann brach sie sich ein Bein.
Jemand hatte, in der Nacht, direkt vor ihrer Haustür
ein Loch gegraben.
Er brachte ihr, zur Genesung,
Blumen, Suppe und Schokolade,

las ihr in den Abendstunden vor-
sie kamen sich näher.

Nicht zu nah, denn ihr Bein tat noch weh.

Dann
mussten sie und er wieder arbeiten.

Nach seinem Autounfall,
es hatte sich ein Bremsschlauch gelöst,
brachte sie ihm, zur Genesung,
Suppen und noch mehr Suppen,
denn er hatte sich beide Kiefer gebrochen,
las ihm in den Abendstunden vor-
sie kamen überein, zusammenzuziehen.

Die Verletzungsgefahr war einfach zu hoch geworden.

UROLOGIN

Eine alte Frau
drückt mir durch meinen lieben Anus
völlig unerotisch,
einen Zeigefinger in meinen Darm.

Verkrampfen sie nicht,
sie können das gut,
huch.
Das ist nicht meins,
aber wenn sich die alte Frau
darüber freut,
darf sie es noch einmal tun.

Da wohnt die Prostata?
Warum auch nicht?
Wenn es ihr in mir gefällt,
warum nicht?

Was gefällt Ihnen nicht an Ihr?
Sie kennen sie doch gar nicht.

Ich wusste bis jetzt nicht,
dass ich ein Mädchen in mir habe.

Das ist ein Stolpername.
Den habe ich nicht ausgesucht.
Ich habe glatte Hoden.
Das ist doch Klasse.
Und ein ungezogenes Mädchen
in mir.
Das wird.
Ich habe zu viel in mir?

Was heißt zuviel...

DIALOGE ZUR WAHRHEIT

Willst Du mit mir schlafen?
Ja.
War es für Dich schön?
Nein.
Machen wir es noch einmal?
Ich habe nur noch 15 Minuten.
Das war keine Antwort.
Ja.
War das besser?
Nein.

Hast Du Hausaufgaben auf?
Ja.
Wirst Du sie machen?
Nein.
Warum nicht?
Weil ich nicht will.
Magst Du auch ein Eis?
Ja.
Kriegste nicht.

Liebst Du mich nicht mehr?
Ja.
Hast Du mich jemals geliebt?
Nein.
Gefällt es Dir im Seniorenheim?
Nein.
Das gefällt mir.

MISCHGEWEBEBÜGELHOSE

Ich trage eine
Mischgewebebügelhose

Die hat so eine scharfe Falte -
Vorsicht - für Deine kleinen Finger.
Da kann schnell etwas passieren.

Ich trage eine Mischgewebebügelhose.

Wenn ich so die Straße entlang gehe,
spüre ich die aufmerksamen Blicke
der Frauen.

Ich trage eine Mischgewebebügelhose.

So etwas trägt der Mann mit Charakter.
Frauen mögen den ungewöhnlichen
Charme

meiner Mischgewebebügelhose.

Vor meinem Schönen habe ich
einen eisernen Reißverschluss.
Aus gutem Grund. Denn -

ich trage eine Mischgewebebügelhose.
Die hat eine so scharfe Falte -
Vorsicht - für Deine kleinen Finger.
Da kann schnell etwas passieren.

DIE BLAUE TAUBE

Wo ist denn- hick s-
dieses dämliche Magnetfeld,
das ich - hicks - angeblich ohne Mühe- hicks-
erkennen kann -
hin?
Sagen sie mal - hicks -
Was schauen sie denn - hicks - so komisch?
ICH
habe einen Wett- Wett- Wettbewerb zu gewinnen.
Wo geht es denn, bitte - hicks -, zu meinem Taubenstall?

Ich - hicks - habe Wettbewerbe gewonnen.

Viele.
Noch mehr.

Oh, pardon,
ich glaube, sie sind ein Habicht.
Da hätte ich doch besser einen anderen gefragt.

Sie wollen mich fressen oder... - hicks -
ja geht denn das?

Also- dort wohne ich, nett von Dir,
dass Du mich nach Hause gebracht hast.
Wenn ich das erzähle.
Wie werden die anderen Tauben staunen.

Harry, mit Dir zu vögeln... - übrigens,
mein Täuberich ist der mit dem zerzausten Kopfgefieder.
Ab morgen im Schwarm leicht zu erkennen.

Flieg, Harry, flieg, mein Herz fliegt mit Dir.

So, und jetzt fliege ich zu Heinz-Thomas in den Taubenstall.

Ich werde für ihn gurren.
Doch, das mache ich.

FRÖHLICH SEIN UND SINGEN

Fröhlich sein und singen.
Ich bringe Euch Fröhlichkeit.
Mir ist heute so.

Da
sitze ich zwischen zwei Paaren,
die sich untereinander nichts
mehr zu sagen haben.

Ich habe einen bunten Hut auf.
Ich habe einen bunten Hut auf.

Fasching.
Es ist Fasching.
Fasching.
Es ist Fasching.

Fröhlich sein und singen.
Ich bringe euch Fröhlichkeit.
Mir ist heute so.

Weil
mir langweilig ist, greife ich
der Nachbarin zur Linken zwischen die Beine.
Die öffnete sie leicht, bis ihr Mann das sah...

Dann stürzte sich ein Vampir auf mich.
Es gibt sie also doch.

Fasching.

Es ist Fasching.
Fasching.
Es ist Fasching.

Das gab eine Riesenschlägerei die sehr ulkig aussah.
Wenn sich dicke, alte, bunte Menschen dreschen,

hat das was.

Fröhlich sein und singen.
Ich bringe Euch Fröhlichkeit.
Mir ist heute so.

Die Frau zu meiner Rechten
hat mich genommen.

Ich musste nicht mal befriedigend sein.
Wir haben gut gelacht.

Fasching.
Es ist Fasching.
Fasching.
Es ist Fasching.
Fröhlich sein und singen.
Ich bringe Euch Fröhlichkeit.
Mir ist heute so...

Fasching.
Es ist Fasching.
Das hat was.
Kurze Beschreibung:

Der fette Godzilla trifft auf Superman,
das wollte ich schon immer wissen, wie das ausgeht.
Sie standen dann später an der Bar.
Tarzan hat sich gleich im Tischtuch verhakelt.
Das war schon etwas enttäuschend.
Die Biene Maja, Junge, Junge,

das hätte sich Harry überlegen sollen,
auch King Kong hätte vielleicht seine stärkere Schwester
mitbringen müssen.
Peter Pan ist geflogen, es war nur ein Meter, aber nun weiß ich,
er kann es wirklich.
So flog da alles durcheinander.

Das war ulkig.
Fasching.
Es ist Fasching.
Fasching.
Es ist Fasching.

DER PEDANT ALS KRIEGSHERR

Im Jahre 1212,
auf der Burg Bärenstein und deren Umfeld
trug sich Folgendes zu:

Erst kommt die Harfe des Barden.
Kling klang.
Jetzt.

Der alte Graf vom Bärenstein hatte ganz
eigene Ansichten vom Recht auf die erste Nacht, so fehlte es an Knappen und
die Schäfer mochten ihn auch nicht besonders.

Auf Grund seiner Neigungen und seiner
angeborenen Freundlichkeit,
gebar ihm seine Frau Mechthild 12 Kinder

unangefochtener Herkunft.

Schon immer war es des Grafen größter Wunsch
gewesen, einem Stier sexuell alles zu geben.
Erst das Alter und diese gewisse,
manchmal damit einhergehende,
Verkennung des Risikos, brachte ihn des nächtens zu Bruno und anschließend
zu einem feierlichen Begräbnis.

12 Kinder.
Ab dann ging es um die Macht.
Immer das gleiche.

Gift, die Regenbogenpresse, Autos, Pfeile.
Acht kleine Grafilein tranken alle Wein,
dann waren es nur noch zwei.

Der Pedant neigte seinen Kopf,
um die geputzte Silbergabel-
es schien ihm, als sehe er einen Fleck,
zu betrachten -
so starb sein bei allen beliebter Bruder
durch einen Schuss in den Kopf.

Der Mörder,
nenne wir ihn Hardy,
schoss noch einmal.
Nun - tot ist tot,
da spielt dann die Frisur auch nicht mehr so die große Rolle.

So wurde der Pedant Graf.
So nach und nach begriff er es auch.
Er war der Graf.

Er hatte die Macht, gegen das ihn umgebende Chaos anzukämpfen, Ordnung
hineinzubringen, Übersicht zu schaffen, die Welt tabellarisch zu gestalten.

Als erstes musste gezählt werden.
Alles.

Er wies es an.
Es ist alles zu zählen.
Traf auf etwas Unverständnis.
Kategorisch - alles wird gezählt.

Wie soll er denn, bitte schön,
zu einem großen Verständnis für das Volk kommen,
wenn ihm die Details fehlen?
Da könnte er etwas übersehen und das mag er nicht.
Will er nicht.

Punktum.
Er ist der Graf, niemand sonst.

Muss ich das jetzt schreiben?

Das Huhn Karümmel hat heute nicht gelegt.

Lieber Graf.

Durch das Ableben ihres Vaters, Gott habe ihn selig, bekommen meine Schafe
nun wieder Osterlämmer.

Mein Hund hat heute zweimal gekackt.

In der Küche ist ein Topf weg, dafür habe ich jetzt eine Pfanne weniger.
Ihre Köchin.

Usw. usw. usw.
Dem Raubritter Runkel von Drübenstein ging es damals schlecht.

Da wegen der zu schaffenden Übersicht in der Grafschaft Bärenstein alle
Händler diese Enklave des Irrglaubens aufsuchten, blieb für ihn auf der vorher
üblichen Handelsroute nichts.

Sie waren nur zu vierzehnt, hatten aber Hunger und Durst.

Die Burg Bärenstein musste ein leichtes Unterfangen sein.

Als der Raubritter Runkel von Drübenstein mit gezücktem Schwert vor den
Pedanten trat, sagte der:

»Statistisch bist Du tot«
In diesem Augenblick fiel der Raubritter Runkel von Drübenstein mit Pfeilen im
Rücken um.
»Sie sind genial, Majestät«, rief der dicke Tuchhändler, »lassen sie zählen - wir
besorgen den Rest.«
»Hoch soll er leben« riefen dann auch andere Händler.
Es begann ein leises Klatschen. Dann wurde es rhytmisch. Rhytmischer. Bäuche
und dicke Arme mit Händen voller Ringe.
Frenetisch.
Dann stand der Pedant auf und es wurde still.
»Ich weiß nicht, woran sie Glauben. Ich glaube an die Ordnung, an die Über-
sicht. Ich mag tabellarisch Erfasstes.
Ich glaube, es gibt mehr Schweine in meinem Land, als die, von denen ich weiß.
Auch die ungewollten Schwangerschaften bereiten mir Sorge. Dazu kommt
das ständige Verschwinden von Handcreme in meinem Bad.

Meine Herren, ich glaube, wir werden gemeinsam diese Probleme lösen.
Wir alle.
Zu ihrer Registrierung bitte ich Sie, die Fragebögen 14–126 auszufüllen.
Ich danke ihnen«

Langsam beginnender, stärker werdender, immer noch stärker werdender, dann
orgastischer Beifall.

EIN SPASS

Ich habe noch keinen Plan.
Ich beginne trotzdem.
Das wird ein Spass.

Ein großer Spass.

?

Ich habe lange keinen großen Spass mehr geschrieben.

??

Dann eben nicht.

DAS AHORNBLATT

ist in diesem Jahr
lange grün gewesen.
Es hing am Ahornbaum,
schaute sich die Leute an,
in dieser Gegend gab es viele Punks -
gut,
sagt sich das Blatt,
grün ist hier nicht so angesagt,
dann werde ich eben auch bunt.

Wochen später
fiel es ab und auf den
Tornister eines kleinen Mädchens.

Zu Hause angekommen sah es ihre Mutter,
nein rief sie,
ja rief sie,
nein rief sie,
ja rief sie,
was für ein wunderschönes Ahornblatt und
legte es zum trocknen
in das dicke Deutschbuch.

Was es noch sagen wollte-
Mhmpfff, mhmm, mhmm-
Mhm mhm mhm.
Es lag dann
zwischen Jesus und Kammgarn und dachte sich:
Grün ist gar nicht so schlecht,
ich glaube,
Herbstmoden liegen mir nicht so.

ICH BIN WIRR

Meine Mutter sagt,
nun geht es mit meinem Verstand
aber endgültig abwärts.

Da zeigen sich Gedächtnislücken und
wenn ich glaube,
mir etwas gemerkt zu haben,
ist das nicht wahr.
Ich ticke nicht mehr ganz richtig.

Da geht es nicht um mein allgemeines Wissen oder
mein verbales Vermögen.
Es geht um unsere Familienvergangenheit.

Ich habe mir nur das Verkehrte falsch gemerkt und

das Gute vergessen.
Im Lauf der Zeit wurde das Verkehrte falscher und
das Gute vergessener.

So ist das also.
Deshalb die speziellen Träume.

Ich habe mich schon gewundert.
Für mein Endstadium hatte ich mir ein Alterswirrsinn erhofft,
der mir Freude bereitet.

Ich arbeite daran.

FÄHRE NACH HALMSKJÖLD

Wartend an der Pier
auf die Fähre nach Halmskjöld.
Aufgewühlte See
und Möwengeschrei.

Ein Fischerboot,
gefüllt mit Touristen,
Seenotwesten gegen das Meer.

Ob sie kommt?
Schwer ist ihr Gepäck für die Fahrt.
Zart ist sie, das Wetter
Nicht gut, nicht gut, nicht gut...

Wartend an der Pier
auf die Fähre nach Halmskjöld.
Ein nasses Gesicht in der Molengischt.

Ein Nebelhorn
ruft die Zeit aus,
mit klarem,
zwingendem Ton.

Ob sie kommt?
Schwer ist ihr Gepäck für die Fahrt.
Zart ist sie, das Wetter
Nicht gut, nicht gut, nicht gut...

Wartend an der Pier
auf die Fähre nach Halmskjöld.
Sie kommt.
Sie mag solche stürmischen Tage,
Freudentränen in der Gischt.

Schiff ahoi,
Leicht ist das Gepäck für die Fahrt.
Für Liebende das Wetter
So gut, so gut, so gut...

IM FAHRSTUHL

Was für ein Geruch.
Nicht nach Pisse und Nikotin.

Da ist eine auf der Jagd,
teures Parfüm,
ich hoffe für ihn,
dass er sich ihr gegenüber
erwehren kann.

Eine duftende Frau ist eine Macht.

Genau gerochen
wäre mir das zu viel,
sie muss aber noch durch den Regen,
dann das Essen, Stunden später
muss davon noch was auf ihr sein.
Dieser Hauch einer Verführung.

Sie will nicht wieder das
viele Geld umsonst ausgegeben haben.

Ich wünsche ihr Glück.
Morgens, gegen 11,
haben wir uns beim Zeitung holen getroffen.

Man muss schon sehr gut riechen,
außergewöhnlich gut riechen oder
bei einem Blind Date wert darauf legen,
dass der andere das auch wirklich ist.

Ihr Hund ist viel schöner.

MAMAS KATZEN

Mamas Katzen
sind lieb zu mir.
Mama liebt sie über alles.
Und kauft ihnen auch gutes Futter.

Papi sagt, sie liebt ihre Katzen mehr als mich.

Papi mag keine Katzen.
Das ist für ihn nicht schlimm,
denn er wohnt nicht mehr bei uns.
Er schickt kein Geld mehr für mich.

Papi sagt, Mama liebt ihre Katzen mehr als mich.

Uns fehlt sein Geld,
sagt Mama.
Ich weiß, was ein Bastard ist.
Das weiß ich von Oma.

HERR KRAGEBÜHL

Herr Kragebühl ist nicht hässlich,
es leuchtet nur unangenehm
seine verzehrte, kleine Seele
durch die Poren seiner Haut.

Er hat ständig Angst, etwas falsch zu machen,
deshalb ordnet er wirklich gern,
auf der Suche nach dem großen Sieg - Papiere,
doch am liebsten Menschen.

Das ist doch traurig.

Kleine Häufchen, noch kleinere Häufchen,
in Linie, mit dem Lineal gezogen.
Bis er dann mal so etwas wie Übersicht bekommt,
auf die er schon lange wartet.

Ihm ist nicht zu trauen.

Wie eine Fahne trägt er sein Gutsein,
hat Helfer, die ihm ähnlich sind.
Er achtet, natürlich, im Vorhinein darauf,
dass keiner größer als er selber ist.

Er ist gefährlich.

Er wartet und er ordnet,
er wacht und zermürbt,
wirft immer wieder kleine Steine,
weil er weiß, dass er unnötig ist.

Er ist auf seiner,
schwer zu erkennenden Jagd.
Ihm ist nicht zu trauen.

REGEN

Eine Frau und ein Mann
sitzen an einem Herbstabend
an ihrem Küchentisch und trinken
Kräutertee
aus Kräutern verschiedenster Regionen.
Auch aus Mecklenburg.

Vor und hinter dem Haus regnete es.

Darum stand er auf,
zog sich seine Jacke aus und ging
in den Regen hinein.

Sie hat ihn noch eine Weile durch das Küchenfenster beobachtet,

dann das Licht gelöscht um,
nach dem Zähneputzen,
ins Bett zu gehen.

GING ICH NEULICHST MEINE STRASSE ENTLANG

Ging ich neulichst meine Straße entlang.
Ich war in Gedanken, aus Versehen
rempelte ich eine Frau an.

Da ging ein Lärm los.
Es war mein Versehen,
also entschuldigte ich mich
und wollte weiter gehen.

Da hielt sie mich fest.
Dann schaute ich sie an.

Strähniges, fettiges, kurzes Haar.
Kaum eine Stirn.
Darunter zwei dümmliche Augen,
alles eingefasst in einen

wabbernden Vollmond.
Ein Hals war auf die Schnelle nicht zu erkennen.
Der Rest von ihr:
die Venus von Milo.

Da hat sie nun mal richtig Pech gehabt,
aber ich bin nicht ihre Eltern.
Geschrieen hat sie, verklagen will sie mich.

Ich werde weiter meine Straße entlang gehen
und wenn ich wieder so eine Frau anrempeln sollte,
werde ich mich entschuldigen.

KAI STEHT IM WASSER

Kai steht im Wasser und die
Algen, die braunen Algen kümmert es nicht.
Kai steht im Wasser doch er
kann noch nicht schwimmen,
deshalb traut er sich nicht

hinaus, hinaus, hinaus auf -
hinaus, hinaus, hinaus auf den See.

Und der Wind spielt mit den Wellen, auch mit
Kais neuem Ball mit dem Schwammkopfgesicht.
Kai denkt, der kann schon schwimmen,
aber ich noch nicht, deshalb traue ich mich nicht

hinaus, hinaus, hinaus auf -
hinaus, hinaus, hinaus auf den See.

Doch der Wind treibt mit den Wellen
seinen Ball immer weiter hinaus auf den See und
die Mutter hatte doch am Morgen gesagt,
»Dass Du ihn mir ja am Abend wieder bringst!«

Da fing der Kai an zu paddeln,
schaffte es irgendwie bis zu seinem Ball,
ist erschöpft und auch glücklich und - siehe da,
sein Ball trägt ihn sogar

hinaus, hinaus, hinaus auf -
hinaus, hinaus, hinaus auf den See.

TELEFONATE NACH IRGENDWO

Telefonate nach irgendwo,
zu irgendwem,
über irgendwas.
Sich ruhig stellen; bis zur Apathie:
Was soll denn das?
Ich will mir keine Antwort geben
Nein, nein, nein, nein, nein, nein, nein, nein, nein, nein, nein, nein

Sage ich zu mir, schau in Dir nach.
Was war an ihr Gutes, ich antworte mir:

Die Vision einer Zukunft,
leider übersehn,
dass es mit ihr, mit mir nicht geht.
Ein sofort beendeter Anfang
ist so leicht nicht zu verstehn.
Ah, gut, gut gut...
An sie zu denken oder nicht.

Zu lieben ist sehr schön, doch wenn es nicht aufgeht,
ist die Strafe ziemlich streng.
Ich komme nachts aus meinen Träumen,
bin ein Flugzeug, sitzt Du drin,
schmeiße ich Dich sofort über Bord.
Sie gab es nicht,
gibt es nicht,
gibt es nicht mehr- für mich.

Rede ich mit mir! Schau in Dir nach,
wenn Du Dich tötest, was kommt danach.
Ah - falsch, falsch, grundfalsch -
an sie zu denken, oder nicht...

SCHÖN AUSSEHEN

Du sahst heute schöner aus
als bei den Begegnungen zuvor .
Ich hatte Dich schon im Verdacht,
Du hättest Dich geschminkt.

Wenn ja,
ist das ein Sieg der Nanotechnik im Schminken gewesen.

Aber nein -
Du hast heute ein - oder zweimal,
mit leicht nach oben gezogenen Mundwinkeln, gelächelt.
Beim zweiten mal war es, fast,
ein Lachen.

Nicht wegen mir oder über mich.
Der Grund war ein anderer.
Ist mir doch auch egal.

Ich war dabei und weiß um so vieles mehr von Dir.
Da war ein kleines Strahlen aus Dir.
Nicht wegen mir.
Ich kann es aber sehen.

NOCH EINE FABEL

In der Savanne gibt es jährlich im Frühjahr ein Fest.
Anlass ist das Herabfallen überreifer Früchte vom Baum der Erkenntnis -
dort trifft man sich also, um sich gemeinsam zu berauschen.

Während und noch kurze Zeit danach herrscht Friede.
Gazellen, Löwen, Paviane, Warzenschweine, Wildhunde, Gnus...
Seit Jahrtausenden traf man sich friedlich und verblieb auch so bis zum
nächsten Tag.

Morgens dann der gemeinsame Gang zum Wasser.
Schmerzen im Schädel, manchmal führte noch ein galanter Löwe das
zarte Köpfchen einer Gazelle an das Ufer des Flusses..

Bis zum Jahr 2006.

In der Ameisenkolonie Nr. 23745 fühlte sich die Nichtarbeiterameise Hunk
diskriminiert. Sie tat nichts und wurde dafür nicht gemocht.
Das fand sie ungerecht.
Sie hätte gern noch weniger getan, nur, um es den anderen zu zeigen -
doch das ging nicht.
Da wurde sie böse.

Sie ging hinaus, sah die ruhenden Säugetiere,
dort, unter diesem Baum
Sagte zu sich:
»Euch werde ich es zeigen.«
Ich beiße den Löwen, der erschlägt die Gazelle,
Blutgeruch, die Wildhunde lieben das,
Raserei, Hunger, zerfleischen...
Dann biß sie dem Löwen in die Spitze seines Penis.
Noch Schlaftrunken wischte er sie weg
und sie war tot.

Aus dem Haus Usher

Ich mochte diese Geschichte.
Das morbide, Unheimliche.

Ich habe ihren Namen vergessen.

Sie lebt.
Sie ist eine außergewöhnlich
schön zusammen gestellte Frau.
Ganz natürliche, fließende Bewegungen.
Sie schaut niemanden an.

Ihr Inneres schweift ziellos
durch ihre Augen in die Welt.
Sie redet kaum.
Angelernte Sätze reichen völlig aus.

Ich habe sie, weil ich mir unsicher war,
gefragt:
»Bist Du heute zum ersten mal hier?«
Sie lächelte und ging tanzen.
Mit einem Gang...

Zum Ende des Abends schaute ich ihr
noch einmal ins Gesicht.
Das war, als würde ich auf ihrem Gesicht
keinen Halt finden.
Sie lächelte, nahm ihre Jacke
und ging.

MONDFISCHER

Wir alle sind Mondfischer.
Wir alle sind Mondfischer.

Fangen Träume zwischen Monden
für die Erde, diese können
anderen für Augenblicke
oder lebenslang
Begleiter sein-

Wir sind
Mondfischer
Mondfischer.

Liebevoll Suchende, auf
äonenalten Drachenbooten,
mit wechselnder Besatzung,
oder allein, allein, allein...

Wir sind
Mondfischer.
Mondfischer

So lange die Sternenheuer
für Alimente und roten Wein reicht,
ist es sinnlos, uns halten zu wollen.
Die Monde rufen uns
zum Fang hinaus-

Wir sind
Mondfischer.
Mondfischer.

HÖHLENBÄREN

Sie starben vor 28000 Jahren aus.
Ihren Grund mag ich.
Sie wollten, nur wegen einer Eiszeit, ihre Höhlen
nicht verlassen.
Das nenne ich Charakter.
So war es damals wirklich...

Wir schreiben das Jahr 28001 vor Christus.
Der Höhlenbär Bjoern erwacht in seiner -
nun - wo denn wohl?
Frühlingszeit, Frühstückszeit.
Er geht hinaus, reckt und streckt sich und
öffnet blinzelnd seine Äugelchen.

Oh.
Der Tisch ist überhaupt nicht gedeckt und,
hinter seiner Höhle, steht ein Rieseneisberg.
Saukalt ist es auch.
Er schaut auf seine Uhr - da steht Frühling.
Er greift in seine rechte Bärentasche, holt
sein Handy heraus und ruft den Nachbarbjoern an.

»Issn?«
»Warst Du heute schon draußen?«
»Nöh.«
»Mach mal.«
»Och....«

Man hört ein mürrisches Schurren, Kratzen, einen Furz.
Dann die Rückmeldung.

»Hallo?«

»Und, wie sieht es bei Dir aus?«
»Ich habe eine kalte Wand vor meiner Höhle.«

»Was zeigt denn Deine Uhr?«
»Frühling.«
»Scheiß Billig- Uhren. Schlaf noch schön.«
»Auch.«
So starben die Höhlenbären aus.

SONNTAGMORGENLIED ODER,
WARUM DER VOGEL AM SONNTAGMORGEN SINGT
UND AM NACHMITTAG NICHT

Sonntagmorgen.   Der frühe Vogel
Viel zu früh,   fängt den Wurm,
viel zu früh   doch der schläft noch,
um wach zu sein.   Was macht er nun?

Er setzt sich auf`n Ast und singt sein Morgenlied.
Der Wurm sagt sich, das klingt so schön-
da werd` ich doch mal gucken, wer das ist.

Ein Vogelmann   Ne` Vögelin
sieht den Wurm,   sieht auch den Wurm,
den fetten Wurm,   der Vogelmann jetzt
freut sich schon.   nur noch sie.

Er fliegt zu ihr und singt für sie sein Morgenlied.
Sie frisst nur rasch den Wurm und sagt-
so, nun bin ich satt, bau uns ein Nest.

Bin ich blöd,   Ich bin blöd,
fragt sich da,   sagt sich dann
fragt sich da   der Vogelmann
der Vogelmann.   und baut das Nest.

Sex gibt es als Mittagsbrot mit Sonnenschein.
Na was, sagt sich der Vogelmann,-
der Tag ist doch bis hierher gar nicht schlecht.

Am Nachmittag   Guckt sich um,
findet er,   piepst kein Ton,
findet er   piepst kein Ton,
noch`n Wurm.   frisst den Wurm.

AUF MEINEM ARM

Du liegst auf meinem Arm.
Das ist schön.
Du bist so warm und
liegst auf meinem Arm.

Ganz ohne Lust,
ganz ohne Frau zu sein
liegst du jetzt auf meinem Arm
und das ist schön.

Du könntest jetzt aufwachen,
etwas erzählen,
aber so,
wie du da liegst –
das ist schön.

Ich könnte dir
Die Zähne einschlagen.
Dann wärst du wach.
Doch das möchte ich nicht.

Du liegst in meinem Arm.
Und das ist schön.

Doch mein Arm schläft langsam ein.
Das ist schlecht.
Das kann ich nicht leiden.

Deshalb nehme ich einen Stein,
lege ihn sanft unter deinen Kopf
und ziehe vorsichtig meinen Arm darunter hervor.

Denn du bist meine Frau.
Oder was?

70

03 Uhr im Abend

Es ist
03 Uhr im Abend am Ostkreuz.
Ein Mann spielt Piano;
irgend ein Lied
von `ner alten Frau
im Bahnhofslicht.

Ein paar Penner
haben etwas Wärme mitgebracht,
Punkerhunde bekommen Pedigree Pal,
dass haben die Punker
sich vom Bier abgespart-
denn es ist der vierte Mittwoch im Jahr.

Dann spielt der Mann Piano,
an einer der hässlichen Stellen von Berlin,
manchmal sogar Wunschlieder,
wenn er sie kann.

Es sind immer nur zwei Stunden,
dann werden sie beide abgeholt.

Es ist
05 Uhr im Abend am Ostkreuz.
Ein Mann und sein Piano werden eingepackt.
Die Menschen schwanken Standing Ovations
- mindestens zwei werden es sich merken -
bis zum vierten Mittwoch im neuen Jahr,
dass es schön war...
dass es schön werden wird...

Denn dann spielt der Mann
wieder
Piano...

REGEN II

Patsch. Patsch und... Patsch!
Macht Laune!

Fröhlich sein und singen,
von all den Dingen,
die,
aus sich selbst heraus,
nicht klingen!

C – Dur mit einem Hauch H – Moll 7.

Sie
hatte geschrieben,
dass heute ein guter Tag wäre,
um unsere Beziehung
voranzubringen!

Voran, voran, Husaren.
Im Galopp.
Moment – wohin?

Ob denn
ein neuer Sinn
unserer Beziehung
gut bekommt?

Ich weiß ja nicht...

Und -
für mich allein,
regnet es auch noch so fürchterlich,
trage ich nie einen Schirm,
und
reiten kann ich auch nicht.

Verflixt.
Wer hat denn dieses Bild gemalt?
Was wollte ich noch?

Schreiben. Genau.

Liebe Frau,
es regnet und wird auch noch schlimmer,
besser wäre es, wir brächten unsere Beziehung voran,
etwas später, vorzugsweise im Winter.
Ich habe Dich sehr gern -
Björn.

WALDBEGEGNUNG

Schön und glücklich schaust Du aus,
dabei bin ich es doch nur,
der Dich aus der Stadt raus fährt.
Könnte auch ein anderer tun.

Regen, Regen, Regen,
ich habe einen Schirm, der ist ein ganz bunter!
Regen, Regen, Regen,
und – wir stehen darunter!

Saß im Regen eine Wildsau.
Die war nass und außerdem
schaute sie ganz traurig aus,
denn sie hatte keinen Schirm...

Das war nur die Mutter Wildsau.
Acht kamen dazu noch aus dem Busch.
Ja, ihr seht auch traurig aus.
Sicher habt ihr keinen Schirm.

Nun kommt schon heran,
das ist ja nicht mit anzusehen,
wie ihr da so frierend steht,
vom nassen, kalten Wind umweht.

Nur das letzte kleine passte nicht.
Was schaut ihr mich denn alle an?
Ja, ich trage einen Hut.
Wäre jetzt viel lieber auch ein Schwein.

Regen, Regen, Regen.
Ich habe einen Schirm, der ist ein großer bunter.
Regen, Regen, Regen.
Wenn man selbst darunter steht, kann man gar nicht sehen,
wie schön ihr, darunter, doch so ausseht.

Dann schien die Sonne wieder und alle,
außer meinem Liebeling, liefen sofort in den Wald zurück.
Ohne ein: »Auf Wiedersehen..!«

Was habe ich daraus gelernt?
Ich kaufe mir, nächste Woche,
noch einen großen, bunten Regenschirm.
Man weiß ja nie...

ZUM EINSCHLAFEN

Zum Einschlafen soll man Schafe zählen.
Ein Schaf.
Zwei Schafe.
Drei Schafe.
Vier Schafe.

Das ist langweilig.
Ein Wolf.
Geht doch.

IM SPIEL BIN ICH GUT

Im Spiel bin ich gut,
ansonsten tauge ich nicht sehr viel.

Weil ich sonst nichts Richtiges kann.
Nun bin ich unsicher, als wie nie zuvor.

Inselmänner passen nicht so recht auf das Festland.
Sie fühlen sich nur auf ihren Inseln wohl.
Überall sonst wo sind wir nur Gäste.
Überall sonst wo fühlen wir uns auch so.

Im Spiel bin ich gut,
ansonsten tauge ich nicht sehr viel.

WILLIS LIED

Willi hat so einen Horror davor, morgens loszugehen,
er weiß, sie warten auf der Arbeit schon auf ihn-
trotzdem.

Er geht trotzdem.

Schon schweißdurchnässt steigt er aus der Bahn,
er weiß, sein Angstschweiß zieht die Fliegen an-
trotzdem.

Er geht trotzdem.

Sie stehen zusammen,
begrüßen ihn freundlich.

Die schöne Evi geht auf ihn zu.
Fragt ihn leise:

»Geht es meinem kleinen Stinktier gut?«
Die anderen schauen völlig unbeteiligt.

Er kann nachts nicht mehr schlafen, ist deshalb
unkonzentriert,macht noch mehr Fehler, auf die alle warten -
trotzdem.
Er geht trotzdem.

Jeden Tag. Er hat es so gelernt. Er ist ein ordentlicher Mann, und
egal, was sie auch machen -
trotzdem.
Er geht trotzdem.

Heute haben sie für ihn
einen kleinen Kabelschaden
Im Rechner versteckt.
Die schöne Evi geht zu ihm, sagt:
»So etwas passiert nur immer Dir.
Wir glauben, Du kannst nichts.«

Am Wochenende trinkt Willi gern Wodka mit Sergej.
Das ist ein Mann aus Russland.
Der mag ihn und weiß, wie man so etwas klären kann.

Willi ist aber ein ängstlicher Mann.
Er hat auch Angst vor Sergej und dazu
vor jedem neuen Montag.

KOMMT EIN MANN DIE TREPPE RAUF

Kommt ein Mann die Treppe rauf,
klingelt an, klopfet an -
guten Tag, Herr Nasenmann.

Im Kinderzimmer sitzt ein Kind,
das war ganz unartig.
Es ist klein und betet schon,
obwohl es nicht an Gott glaubt.

Kommt ein Mann die Treppe rauf...

Es schaut sich um und versteckt Dinge,
die ihm, durch Vaters Hand, weh tun könnten.
Es ist klein und ganz allein.
Es weiß, es wird bestraft werden.

Kommt ein Mann die Treppe rauf...

Das Kind wartet, Stunde um Stunde,
und das Warten
schreibt sich in sein kleines Hirn;
und sein kleines Hirn
verändert sich für immer.

Dann kommt der Mann die Treppe rauf,
Stufe für Stufe für Stufe,
macht die Kinderzimmertür auf,
macht die Kinderzimmertür hinter sich zu.

Das Monster ist da.

Es kommen andere Männer die Treppe rauf.
Immer wieder.

BAUERNFEIERABEND IM WINTER

Die Arbeit ist getan,
wie auch in den letzten 51 Jahren.
Die Kuh macht ihm
etwas Sorgen.
Sie stand nicht so da,
wie sonst, kann sein,
dass sie was hat.

Zum Abendbrot gibt es
Eier mit Speck und Brot
von Liddel.
Der alte Bäcker ist weg,
doch mit dem BMW
fährt er gern auch
einmal weiter.

Nun gibt es nichts mehr zu tun,
es ist Feierabendzeit,
auch knorrige Hände
ruhen gern einmal.

Die eine Ecke
im Zaun für die Schafe,
da müsste bald mal wieder
etwas gemacht werden.
Auf Dauer hält das
nicht mehr.

Die Olle hätte ja nun
auch noch eine bisschen
länger durchhalten können.
War eben Krebs.

Da kann man nichts machen.
Gar nichts.

Nun gibt es nichts mehr zu tun.
Es ist Feierabendzeit,
auch knorrige Hände
ruhen gern einmal.

Dann zieht er sich
seinen guten Anzug an und
geht durch das Haus.
Es fehlt an Ordnung,
nichts ist mehr so,
wie es einmal war.

Nun gibt es nichts mehr zu tun.
Es ist Feierabendzeit,
auch knorrige Hände
ruhen gern einmal.

Dann geht er, zum ersten mal,
in seinem guten Anzug `bei die Kuh vorbei`-

ist wohl doch nicht schlimm,
geht, beruhigt, anschließend auf das Feld,
das ihm, seit einem Monat, nicht mehr gehört.
Ihm gehört überhaupt nichts mehr.

Er setzt sich auf sein Feld,
mit Blick auf seinen Bauernhof.
In der Küche brennt noch Licht,
aber er bleibt sitzen und wartet auf den,
der ihn zu seiner Frau zurück bringen wird.

DIE NACHT IST EINE FRAU

Die Nacht ist eine Frau,
sie tanzt gern mit Männern,

ich besuche sie,
von Zeit zu Zeit.
Sie kann auch ganz kalt sein,
das kenn` ich von zu Hause-
aber - die Nacht - ist schön.

Manchmal schreibe ich mit ihr
bis in die Morgendämmerung,
schaue verträumt hinaus-
Da wartet ihr Kumpel schon wieder,

dieser öde und lausige Tag.
Da vergeh`n einem alle Lieder.
Es ist wahr, dass ich ihn nicht mag.

Mit den ersten Sonnenstrahlen
achtet man darauf,
wie ich bin.

KINDTOTFÜTTERN

Sie sitzt mit ihrem Kind
im Café zum Brigadier.
Sie schaut es an.

So einen leeren,
ein wenig bösen Blick
habe ich selten gesehen.[1]

Die
Tochter ist schon sehr moppelig,
noch vor der Pubertät und
sitzt vor dem größten Eis,
dass das Cafe zum Brigadier
zu bieten hat.

Das Töchterchen freut sich,
isst vor sich hin,
Die Mutter schaut sie an.

Die ganze Enttäuschung ist ihr anzusehen.
Den Vater ihres Kindes hasst sie
inzwischen.

Sie war ihm zu dick geworden.
Hat er mal im Streit gesagt - na ja,
etwas Wahres ist dran.

So kauft sie ihrem moppeligen Kind
das größte Eis,
dass das Cafe zum Brigadier
zu bieten hat.

Ihr Blick ist mir aufgefallen und-
das fröhliche Fressen der fetten Kleinen.
Dafür gibt es keinen Staatsanwalt.

Böse.
Böse.
Böse.

AUF DEM TURM

Neu in unserem Handy Kino
ist ein Turm im Wald zu sehn,
oben drauf ein zartes Mädchen.
Leider bringt der Zoom nicht mehr.

Schnell die Bilder an das Fernsehen.
Ein junger Mann sichert sich das Copyright.
Hoffentlich reicht der Akku, denn
sie macht sich zum Sprung bereit.

Anrufen geht nicht,
denn dann gibt's keine Bilder,
das können die vom Sender tun.

Würden die sogar, wenn sie wüssten,-
wo steht dieser Turm und wegen
möglicher Klagen.

Der alte Bauer Hartmann weiß das schon.
Das ist der alte Räuberturm.
Nun wird er auch gleich ganz aufgeregt.
Wen ruft er denn nun an?

Er kennt doch den Turm.
Wen ruft er nun an?
So kriegt, ganz nebenbei, ein alter Ossie
einen Herzinfarkt.

Der junge Mann
wird später sagen,
alles täte ihm so schrecklich leid,
sein Akku war doch zu früh alle, um Hilfe rufen zu können.
Dass...
Das Geld vom Copyright
gerade mal für den Anwalt reicht.
Dass...
er ihre Landung verpasst hat.
Dass...
er erwischt wurde.

Das würde ich ihm unter »alles« glauben.
Meint er aber nicht so.

DAS WIRD EIN KOMISCHER LIED.

Sie ist nirgendwo zu Hause.
Sie sagt es.
Sie sagt auch die Wahrheit,
sie fühlt sie so.

Sie ist eine Frau,
die an Vieles
in sich glaubt.

Ich würde sie
so gern ergänzen.
Das wird ein komischer Lied.
Ich bin nirgendwo zu Hause.

Ich weiß,
dass ich es
irgendwann mal bin.

Ich würde Dich dahin mitnehmen,
wenn Du das willst.

Kein zicken.
Kein möchten.
Kein später.
Kein vielleicht.

Kein, es könnte sein,
kein, wenn es Dir so ist.
Überlege es Dir.

Das wird ein komischer Lied.

MISS MARPLE

Ich muss immer antreten,
bei Miss Marple,
das ist die Chefin von unserem Haus.
Das hat zwölf Stöcke,
das sind 48 Mieter,
irgendwie
pickt die mich immer raus.
Jo, sag ich,
wir hatten ein kleines
Zusammentreffen von Mecklenburgern
Migranten.
Die verstehn die Polizei nicht,
und wenn drei durch die Tür kommen,
ohne zu klingeln,

und wir zu fünft sitzen,
und das nicht mögen,

kann das schon einmal ein wenig Lärm ergeben.

Jo, es ist passiert,
ich gebe es zu,
dass wir in der Nacht,
in meinem Schlafzimmer
mit all der Macht, die uns die Körper gaben
herumgefickt haben.
Meine Liebste
war auch mit dabei -
Sie war zu laut?

Jo, Miss Marple,
vieles scheint, in ihrem Leben,
an ihnen vorbei gegangen zu sein.
Ich kenne ihren Mann.
Für den Rest sieht das
auch nicht gut aus.

EINSAMKEIT

Ich habe meine.

Was war das für eine Suche.
Erst nach mir und dann, nur um Dich zu finden,
solange habe ich nach keiner Frau gesucht.

Einsamkeit ist weiblich.
Ich hätte es schon vorher erkennen können, müssen,
doch, was mich betrifft, bin ich eher langsam.
Die Einsamkeit.

Was isst Du eigentlich gern zum Frühstück?
Weißt Du, ich gehe arbeiten, ohne mich weißt Du gar nicht,
wozu Du eigentlich da bist.
Du könntest zwischenzeitlich wenigstens aufräumen.
Das meine ich ernst.

Du kannst nicht so einfach herumsitzen und darauf warten,
dass ich nach Hause komme um mich dann
durch Dein Schweigen zu erdrücken.

Natürlich setze ich mir die Kopfhörer auf.
Ich kann Dein lautloses Schreien nicht ertragen.
Das ist so gemein.

Wärst Du sauer auf mich, wenn Du für ein Wochenende
mal ausziehst und bei meinem Nachbarn seine Einsamkeit
mit Dir teilst?
Du bist eine Genießerin.
Du kennst seine Einsamkeit.

Am Montag, nach dem Abendbrot, haben wir uns, gemeinsam,
»Ghostbusters« angeschaut.
Du hattest vergessen, Salzstangen einzukaufen.
Zu viel sollte man von einer Einsamkeit
auch nicht erwarten.

DAS GRAUSAME

Das Grausame
saß
zwischen Blumen
und weinte.

Gedankenverloren
nahm es eine Amsel
und brach ihr das Genick.

Es wollte, so gern,
etwas gutes tun und
aß dazu einen Schmetterling.

Es wollte so gern etwas Gutes tun
lachte, als das Rehkitz in den Mähdrescher kam,
dadurch inspiriert,
brach es der Rehmutter die Vorderläufe;
nun wird ihr Schmerz größer als ihre Trauer sein.

So einfach ist es also,
Gutes zu tun,
dachte sich das Grausame und
war nicht wenig stolz auf sich.

FÜHRUNG DURCH MEINE JUNGGESELLENNEUBAUWOHNUNG

(Zu buchen seit dem 31.9.2009 unter kb.tang@ermünder.he)

Meine Damen, meine Herren,
das macht für jeden 18 €, pardon, Sie sind Studentin,´für sie dann also 38 €.
Wieso?
38 € ist doch ein Betrag wie jeder andere; ich finde, die Zahl klingt irgendwie
rund. Warum Sie mehr...
Sie werden von dem heute Gelernten entschieden länger profitieren können
als ihr Herr Papa.

Er ist nicht ihr Vater?

Da er ohne zu Zögern bezahlt, nennen wir es, ab jetzt, unser kleines Geheimnis.

Unterschreiben sie hier, eine Unterschrift reicht.
Ich bitte darum, dass Sie in der Gruppe bleiben.
Beide.
Danke.

Ich werde jetzt die Tür zu meiner Wohnung öffnen.
Es ist 18.12 Uhr mittlerer europäischer Winterzeit.
Sie können nun das Licht auf ihren Stirnlampen einschalten.
Der Flur.

Auf der linken Seite sehen Sie Artefakte der letzten 11 Jahre.
Berühren Sie, zu ihrer eigenen Sicherheit, nichts, denn Tierliebe wird in dieser
Wohnung groß geschrieben, auch wenn es sich nur um relativ kleine Tiere
handelt.

Besondere Beachtung schenken Sie bitte dem hinter den Artefakten
stehenden Eckschrank real- sozialistischer Prägung. In ihm vermuten wir noch
viele Hinweise auf die Lebensweise meines untergegangenen Volkes.

Ich verstehe, dass das für sie nicht einfach ist.

Kommen wir zum ersten Höhepunkt meiner Führung.
sind sie bereit- geht es ihnen gut?

Das Bad.

Die Tapete bis in eine Höhe von ca. 1,60m, in einem durchbrochenen zartbeige,
darüber eine ehemals weiß getünchte, so genannte »Rauhe Faser«.
Deutlich können sie die Fingerabdrücke suchender Klo- bzw. Badgänger erken-
nen, denn der früher funktionierende Lichtschalter befindet sich nicht in dieser
sanitären Einrichtung.
Riechen sie die Geschichte?
Das ist der Geruch von Schweiß, Schmutz und Urin von Hunderten.
Auf diesem Klo haben schon zur Zeit des Kalten Krieges Menschen gesessen, in
dieser Wanne gelegen.
Hinter der Klappe zum Ablesen der Wasseruhr befindet sich der Installations-
schacht.
In ihm wird heute noch ein letzter, verirrter Mitarbeiter der Staatssicherheit
vermutet.

Sensible Gemüter behaupten, sie hätten auch in diesem Jahr ein leises, weh-
mütiges: »Völker hört die Signale...«, vernommen.

Zur Demonstration öffne ich nun einmal kurz den Wasserhahn.
Hören sie dieses klassische Gurgeln aus der verrosteten Wasserröhre? Klingt
das nicht wie das Röcheln Sterbender?
Fantastisch.

Nun gehen wir bitte wieder in den Flur.
Ich bitte sie, kurz das Licht auszumachen.
Was sehen sie?

Nichts.

Aha.

Niemand sah je etwas in diesem Flur, wenn das Licht völlig aus war.

Ich empfinde das selbst als ein wenig unheimlich.

Ein Raum, völlig ohne Licht.

Wo ist da der Sinn?

Sie können das Licht jetzt wieder einschalten.

Wir kommen nun in das Wohnzimmer oder, in früheren Zeiten, auch Wohnstube genannt.

Das Wohnzimmer.

Auf der linken Seite sehen sie eine mit Regalen wohl gefüllte Wandfläche, in den Regalen Bücher aus den letzten zwei Jahrhunderten von Autoren, die Literatur von anderen lieber mochten, als ihre eigene.

Erschrecken sie nicht, dass Licht unserer Stirnlampen spiegelt sich nur im Glas des nach Osten ausgerichteten Fensters.

Zu beiden Seiten des Fensters können sie deutlich die bildliche Darstellung meines Lebens erkennen.

Ja, ich war damals auch auf der Enterprise.

Nein, ich war kein Beatle.

Vor diesem sehen sie eine typische Frühstücksecke, bestehend aus zwei Sesseln, einem Tisch, dazu einem kleinen Spiegel, Babyöl, einer aufziehbaren Spieluhr, einem Hundekorb, älteren Adventskalendern, Schnell- und anderen Heftern, Kosmetiktüchern und und und Spinnenweben.

Dieses ist eines der kleinsten Mahnmale Deutschlands.

Auf dem Sessel, von ihnen aus betrachtet, ist es der linke, soll einmal eine sehr schöne Frau portugiesischer Abstammung gesessen haben, welche jedoch im Rahmen der stalinistischen Säuberung Ende der 70er Jahre als Hexe verbrannt worden sein soll.

Fotos sind übrigens erlaubt und mir nach Beendigung der Führung auszuhändigen.

Ja, auch digitale Fotos.

Jetzt schauen sie bitte nach rechts.

Dort können sie, sehr deutlich, unter Illustrierten, Büchern, Kisten mit Büchern, unbeschriebenem und beschriebenem Papier den Beginn eines Sofas erkennen.

Leder. Die Ursprungsfarbe grün.

Mit entsprechender Vorstellungsgabe auch den Tisch davor.

Ich möchte noch einmal darum bitten, dass sie nichts berühren.

Es finden sich in diesem Papierberg durchweg immer wieder für unsere Zukunft wichtige Texte.

Künftige Ausgrabungen sind geplant, jedoch noch nicht finanziell abgesichert.
Dies ist mit einer der Gründe für diese Führung.

Wenn sie mir kurz um das Gebiet des Papierbergtischsofas folgen möchten-

BUH!

Das war ein Scherz, doch durch den entstandenen Luftzug konnten sie, für eine
kurze Zeit,
mein Frühstücksbrettchen sehen, nun hat sich die Landkarte des Mars wieder
gesenkt- darunter befindet es sich also.

Wie gesagt, so eine Führung ist nichts für schwache Gemüter.

Nun kommen wir in einen Bereich der Wohnung, in dem ihnen die Lachhaftig-
keit der Ansage der dafür bezahlten Ärzte, die Gefährlichkeit der angeblichen
Schweinegrippe betreffend, auf engstem Raum ein Auge geöffnet wird.

Die Küche.

Wer traut sich als erstes?
Der Mann als Gentleman hält sich zurück,
es möchte dann doch lieber die junge Frau...
Guck mal einer an.
Nein, das Adjektiv »jung« war keine Anspielung auf ihr Alter, mein Herr.
Da bedarf es keiner Anspielung.

Auf der rechten Seite steht ein Herd.
Nein, das Rotleuchtende sind keine Herdanzeigen
Dieser Herd wirkt im Stirnlicht etwas hoch, bei genauerer Betrachtung können
sie jedoch feststellen, dass es sich nur um eine temporäre Aufschichtung von
ehemals sich im Gebrauch befindlichen Töpfen und Pfannen handelt.
Das meiste darin kann nicht reden.
Ich empfehle etwas Vorsicht am Spülbecken, anscheinend hat die Evolution in
diesem eine
völlig neue, leider auch sehr aggresive, Spezies kreirt.

Diese betreffend stehe ich in Verhandlungen mit dem Meeresaquarium Plau,
wurde bislang jedoch als Spinner abgetan.
Provinzignoranten.

Kurze Pause.

Mein Herr, ihrer weitaus jüngeren Frau scheint es nicht gut zu gehen.
Mein Herr, ihrer jüngeren Frau scheint es nicht gut zu gehen.
Mein Herr, ihrer Frau scheint es nicht gut zu gehen.
Geht es ihr jetzt wieder besser?
Gut.

Dann kommen wir zum zweiten Höhepunkt meiner Führung -
meinem Kühlschrank.

Treten sie, bitte, zwölf Zentimeter zurück, dann stehen sie genau in der Mitte
zwischen Herd und Kühlschrank;

so kann ihnen am wenigsten passieren.
Einen Moment- er lässt sich nicht öffnen,
Würden sie, bitte, etwas in Richtung Wohnzimmer- um Gottes Willen, nicht so
dicht an den Herd-.
Danke.

Er ist etwas scheu, müssen sie wissen.

Nein, nicht der Kühlschrank.
Seit wann sind Kühlschränke scheu? So etwas Albernes.
Ich meine ihn.
Ich habe ihn schon oft darum gebeten, bei Gästen nicht so verschlossen zu
sein.
Wenn sie die Stirnlampen ausmachen würden, öffnet er, vielleicht, die
Kühlschranktür für einen kurzen Augenblick...

Er wollte nur freundlich sein.

Der alte Herr und die Studentin haben gemeinsam in den Etagenflur gekotzt,
in meinem war wohl ihre Angst noch zu groß, dass sie irgend etwas beißen
könnte.
Anschließend nahmen sie die Treppe, dass ist schade, denn nur wenn man
abwärts fährt,´kann man meinen Fahrstuhl richtig kennen lernen.
Er hat so viel Sinn für absurden Humor.
Ich mag ihn.

Deshalb gibt es, neben bei erwähnt, bei mir eine Vorkasse.

Dabei fehlte der eigentliche Höhepunkt.

Mein Schlafzimmer
Als Gäste hatte ich bislang ein Mischlingsgruppierung, eine Achterformierung
aus dem Verein « Frohe Frauen für ein frohes Recht«, vier Bäuerinnen und den
Mann, der hier immer
die Zähler abliest.
Das war ein Versehen meinerseits.
Er war in meinem Schlafzimmer und die Klage seiner Witwe durchläuft derzeit
die erste Instanz.

So wirklich gern erinnere ich mich nur an dieses wirklich reinrassige Pärchen.
Um die zwanzig, schwarzhaarig, sie wohl gerundet, er verschleiert.
Nach einem kurzen Blick in mein Schlafzimmer schaute sie mich an.

Die Augen einer Frau können so viel sagen.
Sie sagte: »Wieviel kostet eine Stunde in deinem Schlafzimmer?«
Spontan antwortete ich: »300«.
Sie zu ihm: »Hole 1000, sofort.«

Sie zu mir: »Hier sind 800 Vorauskasse.«

Dann fuhr er mit dem Fahrstuhl hinunter und –
mein Fahrstuhl hatte gute Laune, er fuhr erst schnell ein Stückchen nach oben,
dann ließ er sich etwas fallen, wie Kinder eben sind,
dann wieder schnell ein Stückchen nach oben,
dann -
das waren Bilderbuchschreie.

Ich dachte mir, nun, zum Vertreiben der gemeinsamen Langeweile
wäre es möglich, dass diese Frau und ich diese gemeinsam überbrücken.

Nach einem diesbezüglichen Gespräch darüber fand ich es klüger,
mich in mein Wohnzimmer zu begeben, mir die Kopfhörer aufzusetzen und zu
schreiben.

Er kam dann zurück, bezahlte,- Vorauskasse, alles klar,
ungefähr vier oder drei Uhr morgens,
ich tief im Schreiben und der Musik versunken,
klopfte es an meine Schulter.
Ich habe mich fürchterlich erschrocken, bin aufgesprungen,
die Kopfhörer sind mir vom Kopf geglitten
habe ausgeholt-

Da steht sie in meinem Bademantel vor mir, sagt:
»Das war mein ganzes Geld. Gib mir noch eine Stunde. Vielleicht - dafür?«
Und öffnete meinen Bademantel.

Hätte sie mich beim schreiben nicht gestört, hätte ich doch gar nichts von dem
Lauf der Zeit mit bekommen.
Das habe ich gesagt.
Das war dumm.
Am Morgen waren sie weg, das Geld bis auf einen Hunderter auch.
Vorkassen dürfen niemals im Schälchen vor der Eingangstür liegen bleiben.
Ist in Ordnung, ich lerne dazu.
Mein Schlafzimmer lebt und mag Gäste.
Es ist sächlich, aber nicht eingebildet, durchaus tolerant und böse.
Ich kann es empfehlen.

Jedem.

Wenden sie sich zu weiteren Führungen an die oben genannte Adresse.
P.S.
Ich habe noch eine Kammer.

ZÄHLERMETAL

Nach dem
14. Takt beginnt
die zerbrochene Hälfte des Taktes 24,
diese wird nur kurz zitiert,
weil,
um genug Zeit für den Takt 15 zu haben,
der,
unwesentlich durch kleinere Betonungsnuancen
für sich stehend,
übergreifend in den Takt 16,
dennoch schön auf den Takt 17 weist,
indem wir musikalische Zitate
aus dem Takt 15 wiederfinden,
immer wieder gern gehört,
mir, persönlich, fehlen da Hinweise
auf den Takt 14,
vor allem das Allegro im ersten Drittel
hätte ich gern an dieser Stelle noch einmal gern gehört -
doch der Takt 18 entschädigt für vieles.
Und auch der Takt 19.
Das hat mich schon ergriffen.

Takt 20 bis 23 - das wisst ihr,
so lala.
Dieser zerbrochene Takt 24 -
genial.
Ich habe nur mal kurz reingehört.

FABEL VON KARÜMMEL, DEM ALTEN HUHN

Von Anbeginn blickte das alte Huhn Karümmel,
wach,
gehetzt, gen Himmel.

Nun inzwischen in der Hoffnung,
dass der Hühnergeyer sie im Anflug
als Büschel aus Zähe
und Federn erkennt,
sich sagt,
bäh, gut,
dann habe ich eben heute keinen Hunger.

Manchmal,
Sommersonnabends,
im Schatten des Nussbaumes,

wenn die lesbischen Feen
auf ihrem Weg zu den Nixen sind,
und durch das Geäst nur noch
ganz feine Sonnenstrahlen dringen -
wohlgeschützt durch die Äste des Nussbaums,
und vielleicht auch, weil sie weiß,
wo der Rumtopf des Bauern für den Winter steht,
plustert sich das alte Huhn Karümmel, fest gekrallt auf einem Kuhkopf,
auf und verkündet der versammelten Junghühnerschar:

Dieser Hühnergeyer wird mich niemals fressen.
Denn - ich habe keusch gelebt.

Keusche Hühner kann ein Geyer nicht erkennen.
Ich habe nie einen Hahn gebraucht.
Hähne sind gemein.

Als ich schön gewesen bin,
mich zwei, fünf, sechs Hähne auf einmal treten wollten -
da habe ich nein gesagt.

Sie war nie schön.
Schon damals gab es zwischen ihr und ihrem Bauern Streit,
weil der Hahn lieber mit einem Kaninchen
geschlafen hat, als mit ihr.
Oder dem Hund.
Der mochte das. Ist okay.
Artübergreifend schwul?

Sie haben sich sogar geduzt.

Zur Hersbstzeit,
im Hühnerstall angenehme, kleine Gespräche.

Das Huhn Franzi,
was könnte aus meinem Ei so werden,
sich im Kosmos spiegelnd,
Elfriede die Schöne,
wie werde ich schmecken,

ich persönlich würde Salbei mit einem Hauch Apfel
bevorzugen.
Ich weiß nicht, sagt das schönste Hühnchen,
dass mit dem getreten werden gefällt mir,
und wenn das Ei kommt - huch und huch...

Auf dem Hühnerhof,
in Sturm und Regen stand das alte Huhn
auf der Wurzel des Nussbaums und rief:

Die anderen werden getreten.
Ich will das auch.
Geyer. Komm.
Ich kann mich so hin legen,
das kennst Du noch gar nicht.
Ich bin so geil. Ich bin so geil.

Ob sich dich vielleicht mal einer hier herunter bewegst?!

Der für dieses Territorium zuständige Geyer war schwul,

trotzdem hörte er auf dem Weg
zu seinem Freund das alte Huhn.
Lausiges Wetter.
Weil schwule Geyer freundlich sind
flog er zu ihr runter,
sagte ihr:

»Ich will dich nicht fressen, ich esse mit meinem Freund,
heute Abend, Sushi.
Ich habe aber noch einen Bruder.
Vielleicht mag der Dich.
Ich frag mal.«

LENNONISMUS (LEIDER NICHT)

Mach doch Liebe, keinen Krieg.
Keinen noch so kleinen Krieg.
Jede Art von Liebe ist besser
als jeder noch so kleine Krieg.

Ich bin auf der Suche schon mein Leben lang
nach einem Ort, in dem ich meinen Frieden leben kann.
Natürlich kann ich nicht den lieben, langen Tag
in den Sonnenaufgang schauen
und Blümchen beschnuppern.

Glaube mir, ich würde das
wirklich gerne wollen.
Kann ich aber nicht.
Kann ich aber nicht.
Kann ich aber nicht-

Ist zu langweilig.
Schade.
Ende.

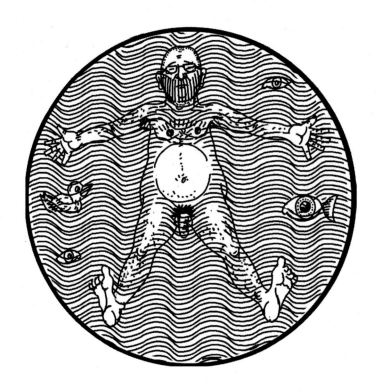

BERGHOLZ - SEE

Nahe unserer Stadt
erholt sich im Winter der Bergholz - See.
Er hat ein steiles Nordufer,
ansonsten ringsherum flaches Land.
Er hat eine Bucht für die Entchen, Pflaumenbäume
und der Eintritt ist frei.
Das ärgert die Stadtväter und so soll es deshalb
 bald nicht mehr sein.

Die Sommerhitze bringt das große Menschenrennen
an den Bergholz - See.
Heteros und Homos präsentieren, frei hängend,
das Gewehr.
Die Alten wie die Schönen brutzeln in der Sonne,
bis es nach Bratwurst riecht.
Die süßen Kleinen bauen sich aus Sand ihren ersten PC.

Dort kannst Du, schon am frühen Morgen,
unsere Völkerbrüder angeln sehn...
Wellen sehen überall gleich aus,
sagt man Konsum oder Magasin.

EIN KLEINES WOLKENMÄRCHEN

Schau, wie oben die Wolken ziehen,
schau, wie sie sich im See ansehen,
kannst Du da oben das Kaninchen erkennen,
kannst Du da oben das Kaninchen erkennen - na -

das dort,
auf dem Fahrrad.
Das isst Bubble-Gum,
hat ein Sweatshirt an und es
winkt Dir zu.

Ja, ich habe ein wenig gelogen. Ich habe es gern, wenn Du lachst,

Dass Du das so schnell gemerkt hast;
natürlich ist der dort oben ein Hase,

der auf einem
Einrad fährt, Möhrchen knabbert,
einen Anzug trägt,
und was wirklich stimmt -
er winkt Dir zu.

Schau hin!
Geeeenauauauaeeer!

Siehste.

DER ALTE MANN UND DIE MEERJUNGFRAU

Auf einer
weit, weit entfernten Insel
mit einem Vulkanberg, Palmen, Südfrüchten,
essbaren Vögeln
einer Süsswasserquelle und
dem liebenswerten Hund Igor III
lebte,
in einem rot - weiß geringelten Leuchtturm,

ein alter Mann.

Müde
der Menschen mit
ihrer Vielzahl kleinerer und größerer Ziele geworden
hatte der alte Mann beschlossen,
sich nunmehr ausschließlich den Wellen, dem Wind,
seinem Erlebten und allerlei Blödsinn,
welcher noch in seinem Kopf herum irrte,
bis zu seinem Tod
schriftstellerisch zu widmen.

So zogen die Tage im Gleichmaß dahin und
alles in allem,
war er recht zufrieden.

Jeden Sonntag,
zur Mittagszeit,
setzte er sich auf seinen kleinen Bootssteg,
an dem, fest vertäut,
sein, ebenfalls in die Jahre gekommenes,
Rettungsboot namens »Enterprise« lag und
spielte auf seiner spanischen Gitarre
wehmutsvolle, selbst erdachte Shantys,
zu denen er hingebungsvoll,
wenn auch nicht schön, sang.

»Ich glaube, ohne Gesang würden die Lieder schöner klingen«,
sagte die Meerjungfrau.
»Text und Musik gehören bei mir zusammen!«,
brummte der alte Mann verärgert zurück,
»Du musst ja nicht zuhören!«

»Doch, das muss ich, da ich ebenfalls hier wohne!
Ich meine – es klingt gar nicht so schlecht,
aber wir Meerjungfrauen haben das absolute Gehör
und Du anscheinend nicht!«

»Und wenn. Schließlich wollte ich nur für mich singen,
Du kleine Fischfresserin, der Steg ist keine Bühne
und jetzt habe ich auch keine Lust mehr!«

»Fisch ist gesund!«, rief die Meerjungfrau
und zeigte dabei ihre bezaubernden,
etwa drei Zentimeter langen, weißen, spitzen Zähne,

»Du isst sie doch selbst!«

»Aber nicht roh!«
»Wie sonst?«

UND AUF DEN WOLKEN

läuft der Schimmel Wiesenklang.

Keiner kann ihn hören,
niemand kann ihn sehen...

Das ist wirklich schade,
denn der Schimmel Wiesenklang
ist wirklich wunderschön,

doch
könnten SIE ihn hören,
könnten SIE ihn sehen,

wäre es um den Schimmel Wiesenklang
bestimmt alsbald geschehen.

VORFREUDE

Es blinkt und blunkt
aufdringlich aus
einzelnen Fenstern
Punkt

Wieso?
Wer ist da froh?
Warum so früh?

Weihnachtsmänner zur Sommerzeit,
die in der Hitze schwanden,
nun tote Tannen,
reich geschmückt, wenn auch lieblos,
Kugeln, Ketten, Plasteengel,
silbrig und blau,
kalte Farben, keine Freude.

Ein natürliches Feuer könnte Freude bringen.
Dem Menschen, dem Haus, der Stadt.
Mit Juchhe und Lichterschein,
mit heimeligem Knistern und Knacken,
es brennt lichterloh, das Bäumelein...

Dann eben nicht.
Der Kaffee ist alle und morgen ist -
Totensonntag.

Liebe Oma,
ich lebe noch,
muss jetzt aber Kaffee holen.

Dein Björn.

P.S. Ich werde auch morgen an Dich denken! Versprochen!

Es ging da draussen gestern eine Mäh

Es ging da draußen gestern eine Mäh
an diesem Haus vorbei.
Still und verzagt.

Das Fell ungepflegt.
Ihr Euter hängend.

Auf der anderen Straßenseite saß ein Wolf.
Beobachtete sie.
Tat sonst nichts weiter.

Da ging die Mäh
zu dem Wolf auf die andere Straßenseite hinüber
und bat ihn:
Friss mich.

Der Wolf roch an ihr herum,
suchte eine saubere Stelle,

sagte darauf hin zu ihr:
Ah nöh.

Da zog die Mäh weiter.
Still und verzagt.

Das Fell ungepflegt.
Ihr Euter hängend.

Björn Trockenobst

1960 an einem See geboren / in einem Wald aufgewachsen / in den 80ern
nach Berlin gezogen / lebt noch //

K. P. M. Wulff

*1950, von daher jetzt schon ein alter Mann, hat sich eines doch nie
geändert seit ich zeichne, es sind immer Geschichten die ich aufzeichne.
Es kann jeder Betrachter dieser Aufzeichnungen dennoch seine
Geschichten da heraus lesen und erzählen. Das ist so von mir gewollt.

CD

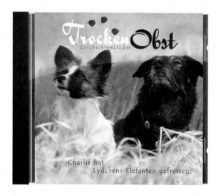

Charlie hat Lydchens Elefanten gefressen

Heute frisch!

Björn Trockenobst (git, voc,pf) pf steht für pfeifen
Lars Großmann (git, voc, rhythm)
Jörg Budel (voc, perc)
Ronny Schweter (Tonmeister)

Buch
Die Äpfel des Björn

Kontakt
Bjoern.Trockenobst@gmx.de
Tel.: 0177 7368 211
www.trockenobst-berlin.de